卵、牛乳、バターを使わないのに、
驚くほどおいしい
しぜんなおかし

今井ようこ

はじめに

この本のお菓子たちは、卵、牛乳、バター、そして白砂糖を使わず、
体にかかる負担が少ない材料でできています。
つくり方がやさしく、食べて体にやさしい〝やさしいおやつ〟
という連載をまとめたものですが、連載中は毎回同じような材料、
つくり方でいいのかなと悩んだこともありました。
でも振り返ると、手に入りやすい材料とレシピで
ビギナー読者の皆さんに寄り添うことができて、よかったと思っています。
また、アレルギーをお持ちの方にも喜んでいただけたこともあり、
私も誰かの役に立っているんだと、とてもうれしく思いました。
そもそも私がこのようなお菓子をつくるようになったのは、
重い病気にかかった友人が安心して食べられるものがあったらいいのに、
と思ったことがきっかけです。
調べていくうちにマクロビオティックを知り、
その考え方や食べ方が自然に思えて、腑に落ちるものに感じました。
そのころの私には、卵も牛乳もバターも使わないお菓子は未知でしたので、
食べることにワクワクしたものです。
でも正直、初めて食べたお菓子は、とてもがっかりした代物でした。
けれども、だからこそ、お菓子づくりに携わってきた自分には、
体に負担のないお菓子がおいしくつくれるのではないかと、
研究するようになったのです。
植物性のお菓子は使用する器具も材料も工程もシンプルで、
その手軽さが面倒くさがり屋の私に合っていたようで、
体も気持ちも楽になりました。
私は、卵、牛乳、バターを使ったお菓子も大好きです。
それらも、とても豊かでおいしいものです。
ただ時に、それらを使わないお菓子も大切で、
意味のあることだと思っています。
皆さんが、体調や状況で動物性の食材を使ったり、
植物性の食材のみでつくったりと選択できるようになって、ご自身の中で
〝よりよい〟を考えながら料理やお菓子をつくっていただけたらうれしいです。
少し体を労ってあげたいとき、皆さんにとって、
これらのレシピが〝しぜん〟でいられることに役立つことを願っています。

今井ようこ

＊この本は『NHKきょうの料理ビギナーズ』2017年4月号から2019年3月号まで連載した「やさしいおやつ」に新しいレシピを加え、再編集したものです。

はじめに 2
材料と道具のはなし 6

焼き菓子

バナナパウンドケーキ 10
いちごのショートケーキ 14
　豆腐クリーム 15
洋梨のブラウニー 18
ブルーベリーマフィン 22
いちじく＆くるみのスコーン 26
かぼちゃのタルト 30
ごまとアーモンドのフロランタン 34
はちみつクッキー 38
2色のスノーボールクッキー 40
アーモンドのメープルがけ 42
いちごのソイミルクパンケーキ 44
ベイクドアップル 46
ココアケーキ 48
コーヒーパウンドケーキ 50
ミックスベリーのクランブルケーキ 52
クランベリーとピスタチオのケーキ 54
さつまいものスクエアケーキ 56
酒かすのクラッカー 58
フルーツグラノーラ 60
ココナツグラノーラ 62
グラノーラバー 63

Column
あんこのお菓子
あんこ 65
あんことナッツの2色おはぎ 66
いちごの桜あんみつ 68

もくじ

冷たいお菓子

ジンジャーエール　72
ココナツミルクアイス　76
甘酒メロンシャーベット　80
マンゴープリン　82
抹茶豆乳プリン　84
豆花（トウファ）　86
栗（くり）のおしるこ　88

Column
蒸しケーキ
かぼちゃの蒸しケーキ　92
レモンの蒸しケーキ　94

この本の使い方
- この本で使用している計量カップは200mℓ、計量スプーンは大さじ1＝15mℓ、小さじ1＝5mℓです。1mℓは1ccです。
- オーブン、ミキサー、ハンディープロセッサーなどの調理器具は各メーカーの使用説明書などをよくお読みのうえ、正しくお使いください。
- オーブンの焼き時間は目安です。機種によって異なりますので、様子を見ながら加減してください。
- 加熱調理の際に紙を使用する場合は、使用説明書に記載の耐熱温度などを確認のうえ、正しくご使用ください。
- オーブンから取り出すときや型を外すときは、やけどをしないように、鍋つかみやオーブンミトン、布巾を使ってください。

材料について

乳製品の代用

甘みのもと

粉類

油

ドライフルーツ＆ナッツ

風味のもと

材料と道具のはなし

乳製品の代用
豆乳、ココナツミルクは牛乳の代用となる植物性ミルク。木綿豆腐は生クリームの代用にする豆腐クリームや、生地をしっとりさせるために使う。酒かすは発酵風味を生かしてチーズの代用に。

甘みのもと
てんさい糖は砂糖大根が原料で、体に負担の少ない甘味料。きび糖は精製中の砂糖液を煮詰めたもの。コクのある甘みをつけるときは、甘酒、メープルシロップ、はちみつを。甘酒は米と米麹が原料のもので濃縮タイプを使用。
※はちみつは1歳未満の乳児には与えないこと。

粉類
アーモンドパウダーはコクをつけるため、かたくり粉は食感を出すため、粉寒天はゼラチンの代わりに使用。薄力粉はたんぱく質量が多いもの（100gにつき約8％が最適）、ベーキングパウダーはアルミニウムフリーのものを。

油
本書のレシピでは、「好みの植物油」と表記しているが、ごま油（白）、菜種油、米油がおすすめ。ごま油（白）と米油はくせがなく、ほかの素材の邪魔をしない。菜種油は強い香りのものもあるので、穏やかなものを選ぶ。

ドライフルーツ＆ナッツ
ドライフルーツやナッツでコクや香ばしさ、甘みを補い、食感でアクセントをつけて満足感を出す。写真にある素材以外に、ピスタチオ、カシューナッツ、ごま、松の実、グリーンレーズン、干しバナナなどを使用。

風味のもと
香辛料などで味に深みを出すと、おいしさを感じやすくなる。チョコレートは製菓用クーベルチュールチョコレート（スイートまたはビター）、チョコレートチップなど、すべて乳製品不使用のものを使用。

道具について

基本の道具

はかるもの

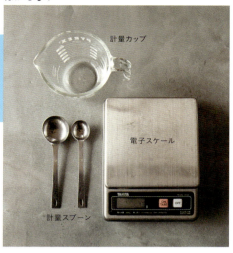

かくはんの道具

型のサイズ

基本の道具
ボウル、泡立て器やゴムべら、木べら、麺棒は、材料を混ぜる、生地をのばすなどに使う基本の道具。目の細かいざるは粉をふるうときに、盆ざるは豆腐の水けをきるときに、網は菓子の蒸気を逃がしながら冷ますために使用する。

かくはんの道具
豆腐クリームや豆腐を使った生地、フルーツなどをピュレにしたり、アイスクリームやシャーベットをなめらかに仕上げるために使用。どのレシピも、ハンディープロセッサー、ミキサーのどちらを使ってもよい。

はかるもの
菓子づくりを成功させるためには、材料をきちんと計量すること。計量カップ、計量スプーンは、一般的な200㎖、大さじ＆小さじでよい。電子スケールは、できれば1g単位で計量できるものが望ましい。

型のサイズ
パウンド型は16×6.5×高さ5.5cm、スポンジ型は底の外れるタイプで直径15cm、マフィン型は直径7.5cm、高さ4cmの連結タイプ（6コ）。耐熱バットは20×17×高さ3cmのステンレス製のものを角型の代わりに使用。

焼き菓子

できるだけ体に負担をかけない素材でつくる焼き菓子は、
体にスッとやさしくなじむ、軽い感触。
それでいて、卵、牛乳、バターを使っていないとは思えないほど
リッチな味わいが楽しめます。
どのお菓子も基本的に、〝おいしいのこつ〟は、ほとんど同じ。
まずは「バナナパウンドケーキ」から始めましょう。
つくり方の感覚をつかんだら、
自然と、ほかのお菓子に応用が利きます。

バナナパウンドケーキ

小さめのパウンド型で焼くバナナケーキは、
食べやすいサイズでプレゼントにも喜ばれます。
しっとりと甘いバナナ風味の生地に、
香ばしいくるみとレーズンの酸味がアクセント。
好みで生地にシナモンパウダーを混ぜても。

材料（16×6.5×高さ5.5cmのパウンド型1台分）

A ┌ 薄力粉　120g
　│ アーモンドパウダー　40g
　│ てんさい糖（またはきび糖）　5〜10g*
　│ ベーキングパウダー　小さじ1
　└ 塩　1つまみ

B ┌ バナナ（熟したもの）（正味）100g
　│ 豆乳（無調整）　カップ¼
　│ メープルシロップ　大さじ3
　└ 好みの植物油　大さじ2

くるみ　20g
レーズン　25g
バナナ　½本
メープルシロップ　大さじ½
［全量1480kcal　調理時間50分
（冷ます時間は除く）］
＊使用するバナナの熟し具合（甘さ）によって
　加減する。

つくる前にしておくこと
・薄力粉はふるっておく。
・くるみは細かく刻んでおく。
・パウンド型にオーブン用の紙を敷いておく（下記参照）。
・オーブンを180℃に温めておく。

1

ボウルにAを入れ、ゴムべらで均一に混ぜる。別のボウルにBのバナナを入れてフォークで粗くつぶす（写真）。

パウンド型にオーブン用の紙を敷く方法

1　オーブン用の紙（25cm幅が最適）を型より1〜2cm高くなるように切る。30cm幅の紙を使う場合は、ここで25cm幅に切る。

2　紙の中央に型底の跡をつけ、広げる。四隅を跡の部分まで斜めに切り込み、折り目をつける。

3　パウンド型に入れ、四隅の長い辺の切り込みを手前にして重ね、きれいに敷く。

4

粉っぽさが少し残る状態で、くるみとレーズンを加え、粉っぽさがなくなるまで底からサックリと混ぜ合わせる。

 生地を混ぜすぎてグルテンが出ないように、粉が完全に混ざりきらないうちに具材を加える。また、そのほうが具材も均等に混ざりやすい。

バナナのボウルにBのほかの材料を加える。バナナの果肉が少し残るくらいまで泡立て器でよく混ぜ(写真)、乳化させる。

油と豆乳がよくなじんで白濁した状態が乳化の目安。油と液体が分離した状態で粉に混ぜると、生地の目が粗くなり、くずれやすくなる。

豆乳と油が乳化した状態の目安。

Aのボウルに2を加え、ゴムべらで底からサックリと混ぜ合わせる。

粉を混ぜるときは、ボウルの底からすくうように、サックリと。練り混ぜたり、混ぜすぎたりすると、粉からグルテンが形成されて粘りが出るので、ふくらみが悪くなる。

4の¼量を端からすくい(写真上)、紙を敷いた型の半分に入れる(写真左)。同様にもう片側に入れる。この作業を繰り返して生地を重ね、ならす。

生地を真ん中からすくうと炭酸ガスが抜け、ふくらみが悪くなる。ベーキングパウダーを加えた生地は、必ず端からすくって型に入れること。

バナナを縦半分に切り、切り口を上にして5の上面に並べ、メープルシロップをかける。天板にのせ、180℃に温めたオーブンで25〜30分間焼く。紙ごと持ち上げて型から外す(やけどに注意)。網にのせて冷まし、紙をはがす。

焼き上がりの目安は、生地の真ん中に竹串を刺して確認。竹串に何もつかなければ焼き上がりで、生地がついてくるようなら、様子を見ながらもう少し焼く。

13

いちごのショートケーキ

生クリームの代わりに豆腐クリームでデコレーションした、
ヘルシーなショートケーキです。
ナッペ*専用の道具は使わずに、ゴムべらで手軽につくります。
豆腐とは思えない、しっとり軽やかで上品な味わいです。

＊生地にクリームを塗ること。

豆腐クリーム

動物性の生クリームに比べて低エネルギー。
フルーツやグラノーラにかけてもおいしい。

材料（つくりやすい分量）
木綿豆腐　2丁（600g）
メープルシロップ　大さじ6
バニラビーンズ（さやから種を
　しごき出し、さやは除く）　2cm分
塩　少々
豆乳（無調整）　適宜

保存　保存容器に入れて冷蔵庫で約3日間。

1　鍋に湯を沸かして豆腐を入れ、豆腐がユラユラ揺れる火加減で5分間ゆで、盆ざるに取り出す。豆腐を盆ざるごとバットにのせる。豆腐をペーパータオルで軽く覆って別のバットをのせ、その上に500mlのペットボトルを3本置く。30分間以上おいて水けをきり、水けを拭く。

2　豆乳以外の材料をボウルに入れ、ハンディープロセッサーで、つやが出てなめらかになるまでかくはんする（またはミキサーでかくはんする）。持ち上げて流れ落ちない堅さが目安。堅いようなら豆乳を少しずつ加えてかくはんする。使う直前まで冷蔵庫で冷やす。

15

材料（直径15cmのスポンジ型・底が外れるタイプ1台分）

生地

A ┌ 薄力粉　150g
　│ アーモンドパウダー　40g
　│ てんさい糖（またはきび糖）　20g
　│ ベーキングパウダー　小さじ1½
　└ 塩　1つまみ

B ┌ 好みの植物油　大さじ2
　│ メープルシロップ　大さじ2
　└ 豆乳（無調整）　カップ¾

豆腐クリーム（P.15参照）　適量
いちご　20～22コ
ピスタチオ（殻をむいたもの）　3コ
［全量1980kcal　調理時間1時間
（生地を冷ます時間は除く）］

つくる前にしておくこと
・薄力粉はふるっておく。
・いちごはヘタを取り、縦半分に切っておく。
・ピスタチオは粗みじんに切っておく。
・スポンジ型にオーブン用の紙を敷いておく（下記参照）。
・オーブンを170～180℃に温めておく。

1

ボウルにAを入れ、ゴムべらで均一に混ぜる。別のボウルにBを入れて泡立て器で乳化するまで（P.13参照）よく混ぜ、Aのボウルに加える。ゴムべらで底からサックリと混ぜ合わせる（写真）。

4

生地から紙をはがし、台に移す。上面のふくらんだ部分を切り落として厚みを半分に切る。豆腐クリームをゴムべらでなめらかに混ぜ、⅛量を底側の生地にゴムべらで塗って全体にならし、いちご約12切れを断面を下にして並べる。

※切り落とした上面は、余った豆腐クリームとともに、おやつに。

スポンジ型にオーブン用の紙を敷く方法

1　オーブン用の紙を直径15cmの円形に切り、型の底に敷く。

2　オーブン用の紙を25cm×型の側面より1～2cm高くなる長さの帯状に切る。これを2枚つくり、型の側面に巻く。

粉と液体がよくなじんだら、切るように混ぜる。なめらかになったら、オーブン用の紙を敷いた型に入れて表面をならす。天板にのせ、170〜180℃に温めたオーブンで25分間焼く。

おいしいのこつ 粉が液体となじんでからも、グルテンが出てふくらみが悪くならないように、グルグル混ぜずに、切るように混ぜる。

オーブンから取り出し、缶詰(未使用)など耐熱で高さがあって安定性のあるものに型ごとのせ、型の側面を下に押して外す(写真)。網にのせ、ナイフを底に差し込んで型の底を外し(やけどに注意)、冷めるまで網に置く。

※スポンジ型から取り出す方法は、P.48「ココアケーキ」、P.54「クランベリーとピスタチオのケーキ」、P.92「かぼちゃの蒸しケーキ」も共通。

4の上に豆腐クリーム1/8量をゴムべらで塗って全体にならし、残りの生地をのせる。生地といちごの隙間を豆腐クリーム適量で埋めながら、側面に塗りつけてならす。

豆腐クリーム適量を上面にのせ、きれいにならす。ナイフなどで生地の底を持ち上げ、器に盛る。残りのいちごとピスタチオを彩りよく飾る。

洋梨のブラウニー

ココアと相性のよい洋梨をのせた、華やかなブラウニー。
型は使わずに、耐熱バットでラフに焼き上げます。
生地をしっとりとさせるために豆腐を加えますが、
焼く間に風味がとぶので、食べたときにはわかりません。
豆腐は水けをしっかりきっておくことがポイント。
本来のブラウニーより軽やかで、やさしい口当たりです。

材料（20×17×高さ3cmの耐熱バット1台分）

洋梨　1コ

A ┌ 薄力粉　100g
　├ アーモンドパウダー　70g
　├ ココアパウダー（無糖）　30g
　├ てんさい糖（またはきび糖）　40g
　├ シナモンパウダー　小さじ1/3
　└ ベーキングパウダー　小さじ1

B ┌ 製菓用クーベルチュールチョコレート
　│　（スイートまたはビター）＊　30g
　├ 木綿豆腐　70g
　├ 好みの植物油　大さじ5
　├ メープルシロップ　大さじ4
　└ 豆乳（無調整）　カップ1/2

アーモンド　15g
アーモンドスライス　10g
メープルシロップ　大さじ1
［全量2460kcal　調理時間50分
（冷ます時間は除く）］

＊乳製品不使用のものを使用。入手できない場合はチョコレートを省き、Aのココアパウダーを40g、Bのメープルシロップを大さじ4 2/3にするとよい。

つくる前にしておくこと
・豆腐はP.15を参照して水けをきる。ただし豆腐はゆでなくてよい。また、ペットボトルは1本にする。
・アーモンドは縦半分に切っておく。
・耐熱バットにオーブン用の紙を敷いておく（下記参照）。
・オーブンは170℃に温めておく。

耐熱バットにオーブン用の紙を敷く方法

オーブン用の紙は25×30cmに切り、バットに敷いて四隅に折り目をつける。

いったん紙を取り出し、四隅から折り目まで斜めに切り込みを入れる。

四隅を写真のように交差させて、紙を敷く（バットの側面より1～2cm高くなる）。

1

洋梨は皮をむいて四つ割りにし、種を除く。さらに縦に4～5mm幅に切り、4等分のままの形にまとめる。

4

3を1/4量ずつ端からすくい、紙を敷いた耐熱バットに均等に入れる。

ボウルにAを入れ、ゴムべらで均一に混ぜる。

別のボウルにチョコレートを入れ、底を50℃くらいの湯につけて溶かす（湯煎）。Bのほかの材料を加えてハンディープロセッサーでかくはんし（またはBをすべてミキサーに入れてかくはんし）、2に加えてゴムべらで底からサックリと混ぜ合わせる。粉と液体がなじんだら、切るように混ぜる（写真）。

まず四隅に生地を寄せる。続いて四辺に生地を行き渡らせ、表面をならす。

生地はオーブンで焼くと真ん中がふくらみやすいので、耐熱バットの四隅にしっかり寄せておくと均一に火が通る。

1を¼量ずつ少しずらして均等にのせ、アーモンド2種を散らす。洋梨にメープルシロップをかける。天板にのせて170℃に温めたオーブンで25〜30分間焼く。紙ごとバットから取り出し（やけどに注意）、網にのせて冷まし、紙をはがす。

ブルーベリーマフィン

甘酸っぱいブルーベリーが爽やかで、
クランブルのサクッとした食感がアクセント。
卵、牛乳、バターを使っていないとは思えないほど、
ふんわりと柔らかく、リッチな味のマフィンです。
材料を混ぜ合わせていくだけなので、
びっくりするほど簡単です。

材料（直径7.5cm、高さ4cmの連結タイプのマフィン型6コ分）*
クランブル
- 薄力粉　40g
- アーモンドパウダー　20g
- てんさい糖（またはきび糖）　20g
- 好みの植物油　適量

A
- 木綿豆腐　150g
- 好みの植物油　大さじ5
- メープルシロップ　大さじ3
- 豆乳（無調整）　120ml

B
- 薄力粉　220g
- アーモンドパウダー　45g
- てんさい糖（またはきび糖）　60g
- ベーキングパウダー　小さじ2

ブルーベリー　100g

[1コ分470kcal　調理時間1時間（冷ます時間は除く）]

＊1コずつの耐熱・耐油の紙製マフィン型でつくる場合は8コ分。紙製は側面の強度が弱いので、生地の上部が型より大きくはみ出さないように、マフィン型の数を増やす。

つくる前にしておくこと
- 豆腐はP.15を参照して水けをきる。ただし豆腐はゆでなくてよい。また、ペットボトルは2本にする。
- Bの薄力粉はふるっておく。
- マフィン型に同じくらいのサイズの耐熱・耐油の紙カップを敷いておく。
- オーブンを180℃に温めておく。

1

クランブルをつくる。ボウルに薄力粉、アーモンドパウダー、てんさい糖を入れ、手で均一にざっと混ぜる。植物油大さじ1½を少しずつ加え、指を広げてグルグルかき混ぜ、ポロポロのそぼろ状にする（写真）。サラサラとした粉っぽさが残るようだったら、植物油約大さじ½を様子を見ながら少しずつ加えて混ぜる。

※使う粉や環境によって油の分量は異なる。クランブルは冷凍用保存袋に入れて冷凍が可能（保存は約3週間）。使うときは凍ったまま生地にのせる。

4

3の粉っぽさが少し残る状態でブルーベリーを加え、底からサックリと混ぜ合わせる。粉っぽさがなくなったら、全体をまとめる。

2
ミキサーにAを入れてかくはんし（またはボウルにAを入れてハンディープロセッサーでかくはんし）、液状にする。

3
別のボウルにBを入れ、ゴムべらで均一に混ぜる。2を加え、ボウルを回しながら、ゴムべらで底からサックリと混ぜ合わせる（写真）。

5
4の生地を端からゴムべらですくい、紙カップを敷いたマフィン型に均等に入れる。

6
5に1のクランブルを等分にのせる（写真）。天板にのせ、180℃に温めたオーブンで30〜35分間焼く。オーブンから取り出し、型に入れたまま3〜4分間おく。マフィンと型の間にナイフを軽く差し込み、手で回せるようなら紙カップごと型から外し（やけどに注意）、網にのせて冷ます。

※マフィンを回せない場合は、マフィンと型の間に再びナイフを差し込み、くっついた箇所をはがしてから、紙カップごと型から外す。

いちじく&くるみのスコーン

ザクザクッと心地よい食感が魅力のスコーン。
バターや牛乳を使っていないので軽やかですが、
メープルシロップと豆乳の柔らかいコクが後を引くおいしさ。
干しいちじくとくるみがたっぷりで、
朝食にもおすすめです。

材料（6コ分）

- A
  - 薄力粉　300g
  - てんさい糖（またはきび糖）　30g
  - ベーキングパウダー　小さじ2
  - 塩　1つまみ
- 好みの植物油　カップ½
- B
  - 干しいちじく　60g
  - くるみ（ローストしてあるもの）　30g
  - チョコレートチップ（乳製品不使用のもの）＊　25g
- C
  - メープルシロップ　大さじ3
  - 豆乳（無調整）　カップ¼

[1コ分450kcal　調理時間1時間
（粗熱を取る時間は除く）]

＊乳製品不使用のものがなければ省いてもよい。乳製品が大丈夫であれば、同量の製菓用チョコレートチップを使ってもよい。

つくる前にしておくこと

- 干しいちじくは2cm角に切っておく。堅い場合は小さめのボウルに入れ、りんごジュース（分量外）をヒタヒタ注いで柔らかくなるまで浸しておく（つくる前の晩に浸しておいてもよい）。

- くるみは細かく砕いておく。
- 天板にオーブン用の紙を敷いておく。
- オーブンは170〜180℃に温めておく。

1　ボウルにAを入れ、指を広げて粉の中をグルグル回し、均一に混ぜる。植物油を加え、同様に混ぜる。

4　生地を手で半分に割って重ね、両手で上から押さえて一つの生地にする。この作業を2〜3回繰り返し、3〜4cm厚さの直方体（20×21cm）に成形する。

混ぜるうちに大きなダマができるので、ほぐしながら、両手ですり合わせて混ぜる。ダマが小さくなったら指先でつぶすように細かくし(写真)、そぼろ状にする。Bを加え、ゴムべらで全体を底からサックリと均一に混ぜ合わせる。

Cを混ぜ、2/3量を2に加える(写真)。底からサックリと軽く混ぜ合わせ、こねないように一まとめにする。生地がまとまらなければ、残りのCを様子を見ながら少しずつ加えて混ぜる。

※使う粉や環境によってCの使用量は異なる。また、生地がベタつく場合は、薄力粉(分量外)少々を足して手につかない程度までまとめる。

生地の側面を薄く切り落とし、上面に切り落とした生地をはりつける。

※側面を切り落として断面にすると、よくふくらむ。断面はできるだけ触らないこと。

生地を裏返し、はりつけた部分が平らに安定するように軽く押さえる。生地をつぶさないように気をつけながら、ナイフでサックリと6等分にし、オーブン用の紙を敷いた天板に並べる。170〜180℃に温めたオーブンで20〜25分間焼き、網にのせて粗熱を取る。

かぼちゃのタルト

タルト型を使わないので、気楽につくれるタルトです。
上のほうはメロンパンのようにカリカリで、
底のほうはパイのようにサクサク。
生地にかたくり粉を加えることがポイントです。
バターを使ったタルト生地よりやさしい味と食感。
スパイシーなかぼちゃペーストと絶妙なコンビネーションです。

材料（直径約17cm・1台分）

かぼちゃ（種とワタは除く）（正味）350g

A ┌ てんさい糖（またはきび糖）　35g
　│ メープルシロップ　大さじ1〜2
　│ シナモンパウダー　小さじ1/3
　│ ジンジャーパウダー（あれば）　小さじ1/3
　└ 豆乳（無調整）*　適量

B ┌ 薄力粉　100g
　│ かたくり粉　30g
　│ てんさい糖（またはきび糖）　20g
　└ 塩　1つまみ

C ┌ 好みの植物油　大さじ4
　└ 豆乳（無調整）　大さじ2

D ┌ くるみ　30g
　│ かぼちゃの種（市販）　15g
　└ メープルシロップ　大さじ1

グラニュー糖　適量

［全量1880kcal　調理時間1時間30分
（冷ます時間は除く）］

＊かぼちゃの状態によって加減する。水分が少ない場合は少しずつ加えてなめらかにする。かぼちゃがなめらかな場合は加えなくてよい。

つくる前にしておくこと

・Dを混ぜておく。
・オーブン用の紙を25cm四方に切っておく。
・オーブンは170〜180℃に温めておく。

1

かぼちゃは5cm厚さに切る。蒸気の上がった蒸し器に入れ、竹串がスッと通るまで強火で20分間ほど蒸す。温かいうちにボウルに入れ、皮ごとフォークで粗くつぶす。Aを順に加え（写真）、そのつどつぶしながら混ぜる。ゴムべらに替えてペースト状にする。

4

準備したオーブン用の紙に3を丸く整えてのせ、麺棒で押さえて徐々に厚みを薄くしていく。直径17cmになったら、紙ごと生地の位置を少しずつ回しながら、麺棒を手前から向こうに軽く押し、5mm厚さ、直径23cmにのばす。生地の縁を麺棒で押さえて、少し薄くする。中央に1をのせる。生地の縁を3cmほど残し、ゴムべらでなだらかなドーム状に成形する（写真）。

2 別のボウルにBを入れ、ゴムべらで均一に混ぜる。また、別のボウルにCを入れて泡立て器で乳化するまでよく混ぜ(P.13参照)、小さじ2ほどを残してBのボウルに加える。ゴムべらで時々底から返しながら、切るように混ぜる(写真)。

3 ある程度まとまったら、生地を手で握ってまとめ、耳たぶより少し堅いくらいの柔らかさに、一まとめにしていく。まとまりづらければ、2で残しておいた小さじ2のCを少しずつ加えてまとめる。

5 生地の縁を内側に折って少し重ねながら、かぼちゃにくっつける。

6 オーブン用の紙ごと天板にのせる。かぼちゃの中央にDをのせ、生地の部分にグラニュー糖をふる。170〜180℃に温めたオーブンで25〜35分間、様子を見ながら焼き色がつくまで焼く。紙ごと網にのせて冷ます。

33

ごまとアーモンドのフロランタン

サックリとしたサブレ生地に、カリッと香ばしいごまと
アーモンドがたっぷりのキャラメルをのせたフロランタン。
キャラメルは豆乳でさっぱりと仕上げるので、
ごまとアーモンドの香ばしい風味が引き立ちます。
焼きたては、はちみつの自然なとろみで柔らかいのですが、
冷めるとカリッとした食感に固まります。

材料（20×17×高さ3cmの耐熱バット1台分）

- A
  - 薄力粉　180g
  - てんさい糖（またはきび糖）　30g
- B
  - 好みの植物油　大さじ4⅓
  - メープルシロップ　大さじ1
  - 豆乳（無調整）　大さじ2⅓
- C
  - はちみつ　大さじ4
  - メープルシロップ　大さじ4
  - 豆乳（無調整）　大さじ2
  - 好みの植物油　大さじ2
- D
  - アーモンドスライス　80g
  - 白ごま　大さじ2½
  - 黒ごま　大さじ1½

［全量2920kcal　調理時間1時間15分
（粗熱を取る時間、冷ます時間は除く）］

つくる前にしておくこと

・耐熱バットにオーブン用の紙を敷いておく（P.20参照）。
・オーブンは180℃に温めておく。

1　ボウルにAを入れ、ゴムべらで均一に混ぜる。別のボウルにBを入れて泡立て器で乳化するまでよく混ぜ（P.13参照）、大さじ1を残してAのボウルに加え、ゴムべらで底からサックリと混ぜ合わせる。粉と液体がなじんだら、切るように混ぜる（写真）。

4　生地を紙ごとバットに入れ、四辺を指でならしてピッタリとはめ込む。フォークで全体を刺して穴を開ける。天板にのせ、180℃に温めたオーブンで、表面に軽く焼き色がつくまで20分間ほど焼く（写真）。

粉が塊になって、まとまってきたら、手で一まとめにして四角に形を整える。

※パサついて、まとまらなければ、残したBを加えて混ぜる。それでもまとまらなければ、豆乳適量（分量外）を加えて混ぜる。

バットに敷いた紙を取り出して2の生地を置き、バットの底の大きさ（紙の折り目が目安）に麺棒で均一にのばす。

キャラメルをつくる。鍋にCを入れて強めの中火にかける。フツフツと沸騰してから1分間ほどしたら、Dを加えて混ぜ合わせる。温かいうちに4に手早くのせ、耐熱のゴムべらで全体に均一にのばす（写真）。

天板にのせ、180℃に温めたオーブンで15〜20分間、全体がきつね色になるまで焼く。焼きたては柔らかいのでバットに入れたまま粗熱を取り、生地が落ち着いたら紙ごと網に取り出して冷まし、パン切り包丁で好みの形に切る。

はちみつクッキー

混ぜて切って焼けばできる、簡単クッキー。
砂糖は一切入れずに、はちみつの甘さだけ。
驚くほど、はちみつの風味がストレートに味わえます。

材料（約30枚分）

A ┌ 薄力粉　50g
　├ アーモンドパウダー　30g
　└ 塩　1つまみ
B ┌ 好みの植物油　大さじ2
　└ はちみつ　50g

［1枚分25kcal　調理時間40分
（冷凍庫で冷やす時間、粗熱を取る時間は除く）］

つくる前にしておくこと
・20cm四方に切ったラップを2枚準備しておく。
・天板にオーブン用の紙を敷いておく。
・オーブンを160～165℃に温めておく。

1 ボウルにAを入れ、ゴムべらで均一に混ぜる。別のボウルにBを入れてよく混ぜ、Aのボウルに加える。ゴムべらで切るように混ぜ合わせながら（写真）、一まとめにする。

2 生地がまとまったら2等分にし、それぞれラップの中央に置く。

3 ラップの手前を生地にかぶせて直径3cmの棒状に成形する。両端をねじって包み、生地の下に折り込む。冷凍庫に2時間～一晩おいて冷やす。ラップから取り出し、片方の手で生地を回しながら、端から包丁で7mm厚さに切る。

※生地は冷凍庫で冷やすと切りやすくなり、回しながら切るときれいに切れる。

4 オーブン用の紙を敷いた天板に3を並べる。160～165℃に温めたオーブンで12～15分間焼く。オーブン用の紙ごと網にのせ、粗熱を取る。

※生地の真ん中を触ってみて（やけどに注意）、まだ少し柔らかいくらいが焼き上がりの目安。冷めるとちょうどよい堅さになる。

2色のスノーボールクッキー

ナッツを混ぜて香ばしく焼き、てんさい糖で雪化粧。
カリッ、サクッと心地よい食感です。
プレーンとココアの2色、両方でも片方だけつくっても。

材料（46〜48コ分）

プレーン生地
- 薄力粉　80g
- アーモンドパウダー　30g
- てんさい糖（またはきび糖）　15g
- 塩　小さじ⅛
- 好みの植物油　大さじ4
- くるみ（ローストしたもの）　40g
- メープルシロップ　大さじ½

ココア生地
- 薄力粉　80g
- アーモンドパウダー　30g
- ココアパウダー（無糖）　15g
- てんさい糖（またはきび糖）　20g
- 塩　小さじ⅛
- 好みの植物油　大さじ4
- アーモンド（ローストしたもの）　40g
- メープルシロップ　大さじ1〜2

てんさい糖（またはきび糖／粒子が細かいもの）＊　適量

[1コ分60kcal　調理時間1時間20分（粗熱を取る時間、冷ます時間は除く）]

＊粒子が粗いものを使う場合は、すり鉢とすりこ木で細かくすりつぶす。または粉砂糖で代用してもよい。

つくる前にしておくこと
・くるみ、アーモンドは細かく刻んでおく。
・天板にオーブン用の紙を敷いておく。
・オーブンを170℃に温めておく。

1 プレーン生地をつくる。ボウルに薄力粉、アーモンドパウダー、てんさい糖、塩を入れ、ゴムべらで均一に混ぜる。植物油を加え、ゴムべらで切るように混ぜる。油が全体になじんだら、くるみを加えて切るように混ぜ合わせる（写真）。粉っぽさがなくなってパラパラになったら、メープルシロップを加えてゴムべらで混ぜ、手で生地をまとめる。

※生地がまとまりにくかったら、メープルシロップ少々（分量外）を加えるとよい。

2 1を10gずつ分割し、オーブン用の紙を敷いた天板に間隔をあけて並べ、1コずつ指で丸く成形する。

※手のひらで丸めると生地がくずれてしまうので注意。

3 ココア生地も1〜2のプレーン生地と同様につくる。ただし、1で薄力粉とともにココアパウダーを加え、くるみの代わりにアーモンドを加える。

4 2と3を170℃に温めたオーブンで18〜20分間焼き、粗熱を取る。てんさい糖をまぶしてバットに並べ、冷ます。なじんだら、もう一度、てんさい糖を茶こしでふるいかける。

※オーブンが1段の場合は、2回に分けて焼く。

アーモンドのメープルがけ

メープルシロップをカラメルにして、
アーモンドをコーティング。カリッと香ばしく、
コクのある甘さが、後を引くおいしさです。

材料（つくりやすい分量）

アーモンド（ローストしたもの）　50g
メープルシロップ　大さじ3
塩　2つまみ
［全量460kcal　調理時間20分
（冷ます時間は除く）］

1. フライパンまたは鍋（直径18～20cm）にメープルシロップと塩を入れて中火にかける。最初は小さな泡がフツフツと出てくるが、そのうちに全体が大きな泡になる。トロッとしてきたら、アーモンドを加える。

2. 耐熱のゴムべらで混ぜて、メープルシロップを全体にからめる。

3. そのうちにメープルシロップが透明になって、つやが出る。さらに混ぜながら、火にかけ続ける。

4. やがてメープルシロップが白く結晶化するので、全体にまぶすように混ぜる。オーブン用の紙にあけて冷めるまでおく。

いちごのソイミルクパンケーキ

いちごがたっぷり入った、ふんわりパンケーキ。
豆乳ベースのさっぱりと軽やかな味わいに、
甘酸っぱいいちごが、ほんのりと爽やかに香ります。

材料（直径約10cm・4枚分）

生地
- いちご　4〜5粒（正味約50g）
- 豆乳（無調整）　80ml
- 木綿豆腐　70g
- てんさい糖（またはきび糖）　15〜20g
- 塩　1つまみ
- 薄力粉　80g
- ベーキングパウダー　小さじ1

好みの植物油　適量

ソース
- メープルシロップ　適量
- いちご　適量

レモンの皮（国産／すりおろす）　適宜
[1枚分150kcal　調理時間30分]

つくる前にしておくこと
- 豆腐はP.15を参照して水けをきる。ただし豆腐はゆでなくてよい。また、ペットボトルは1本にする。
- ぬれ布巾を準備しておく。
- いちごはヘタを取り、生地用は縦に3〜4mm幅に切る。ソース用は食べやすい大きさに切り、メープルシロップと混ぜておく。
- 薄力粉はふるっておく。

1 豆乳と豆腐をボウルに入れてハンディープロセッサーでかくはんし（または豆乳と豆腐をミキサーに入れてかくはんし）、なめらかにする。てんさい糖と塩を加え、泡立て器で混ぜる（写真）。

2 薄力粉とベーキングパウダーを加え、サックリと混ぜ合わせる。生地用に切ったいちごを加え、スプーンで軽く混ぜる。

3 フライパンを中火で温めて植物油小さじ⅓をペーパータオルで薄く塗る。熱くなったら、底をぬれ布巾に当てて冷ます。スプーンで2を¼量すくい、フライパンの中央にのせて直径約10cmに広げ、弱めの中火にかける。

4 生地の縁が乾いて表面にプツプツと穴が開いてきたら上下を返し、1分〜1分30秒間焼く。残りの生地も3〜4と同様に焼く。器に盛り、ソースをかけ、好みでレモンの皮をふる。

45

ベイクドアップル

りんごを薄切りにして、アーモンド風味の生地で
サンドするように焼き上げます。
スプーンでザックリとすくって、取り分けましょう。

材料（26×17×深さ5cmの耐熱容器*1コ分）
りんご　2〜3コ（正味500g）
A ┌ 薄力粉　50g
　│ アーモンドパウダー　100g
　│ てんさい糖（またはきび糖）　15g
　└ ベーキングパウダー　小さじ2
B ┌ 好みの植物油　大さじ3
　│ メープルシロップ　大さじ3
　└ 豆乳（無調整）　大さじ3
メープルシロップ　大さじ1
シナモンパウダー　適宜
［全量1740 kcal　調理時間50分］
*容量は約1ℓ分。20×17×高さ3cmのバットや18cm四方の角型でつくってもよい。

つくる前にしておくこと
・りんごはよく洗って皮付きのまま四つ割りにし、芯を取って縦に5mm厚さに切っておく。
・薄力粉はふるっておく。
・オーブンは180℃に温めておく。

1 ボウルにAを入れ、ゴムべらで均一に混ぜる。別のボウルにBを入れ、泡立て器で乳化するまでよく混ぜ（P.13参照）、Aのボウルに加えてゴムべらで底からサックリと混ぜ合わせる。粉と液体がなじんだら、切るように混ぜて全体をなじませる（写真）。

2 耐熱容器に1の⅔量を入れ、容器の底全体に広げて表面をならす。

3 2にりんごを並べる。
※りんごが1段で入らなかったら、重ねて2段にするとよい。

4 残りの1をのせてゴムべらで全体にのばし、メープルシロップを全体にかける。天板にのせて180℃に温めたオーブンで20〜25分間焼く。スプーンですくって器に盛り、好みでシナモンパウダーをふる。

47

ココアケーキ

ココアのビターな風味に、
バナナの甘み、くるみの香ばしさがよく合います。
バレンタインデーのプレゼントにも。

材料（直径15cmのスポンジ型・底が外れるタイプ1台分）

A ┌ 薄力粉　120g
　├ ココアパウダー（無糖）　50g
　├ アーモンドパウダー　60g
　├ てんさい糖（またはきび糖）　60g
　└ ベーキングパウダー　小さじ1½

B ┌ 好みの植物油　大さじ5
　├ メープルシロップ　大さじ4
　└ 豆乳（無調整）　110ml

バナナ　2本（正味200g）
くるみ　15g
メープルシロップ　大さじ1
てんさい糖（またはきび糖／粒子が
　細かいもの）＊　適宜

［全量2340kcal　調理時間1時間
（冷ます時間は除く）］

＊粒子が粗いものを使う場合は、すり鉢とすりこ木で細かくすりつぶす。または粉砂糖で代用してもよい。

つくる前にしておくこと

・薄力粉、ココアパウダーはふるっておく。
・バナナは皮をむいて長さを半分に切り、さらに縦半分に切っておく。
・くるみは砕いておく。
・スポンジ型にオーブン用の紙を敷いておく（P.16参照）。
・オーブンを170℃に温めておく。

1 ボウルにAを入れ、ゴムべらで混ぜる。別のボウルにBを入れて泡立て器で乳化するまでよく混ぜ（P.13参照）、Aのボウルに加えてゴムべらで底からサックリと混ぜ合わせる。まとまってきたら、切るように混ぜる（写真）。

2 粉っぽさがなくなって、つやが出たら、半量をオーブン用の紙を敷いた型に入れる。まず側面に巻いた紙と底に敷いた紙の継ぎ目に少量の生地を置く。残りを型の中心をあけるように周囲に置き、外側から中心に向けてならす。その上にバナナの半量を断面を下にして並べ、残りの生地をのせ（写真）、ならす。

※最初に生地を継ぎ目に置くのは、オーブン用の紙がずれないようにするため。

3 残りのバナナを断面を上にして並べ、隙間にくるみを散らし、メープルシロップをバナナにかける。天板にのせ、170℃に温めたオーブンで25〜30分間焼く。

4 P.17「いちごのショートケーキ」のつくり方3を参照して型から取り出し（やけどに注意）、冷めるまで網に置いて紙をはがす。好みでてんさい糖を茶こしでふるいかける。

コーヒーパウンドケーキ

コーヒーのほろ苦い香りの生地に、
メープル風味のナッツをトッピング。
ザックリと香ばしいおいしさです。

材料（16×6.5×高さ5.5cmの パウンド型1台分）

A ┌ 薄力粉　100g
　├ アーモンドパウダー　30g
　├ てんさい糖（またはきび糖）　20g
　├ ベーキングパウダー　小さじ1
　└ 塩　1つまみ

B ┌ 豆乳（無調整）　カップ¼
　├ メープルシロップ　大さじ3
　└ 好みの植物油　大さじ2

インスタントコーヒー　大さじ2

C ┌ 松の実　20g
　└ レーズン　20g

D ┌ アーモンド　15g
　├ 松の実　10g
　└ メープルシロップ　小さじ1

［全量1480kcal　調理時間50分
（冷ます時間は除く）］

つくる前にしておくこと
・薄力粉はふるっておく。
・アーモンドは斜め半分に切り、Dのほかの材料と混ぜておく。
・パウンド型にオーブン用の紙を敷いておく（P.12参照）。
・オーブンは180℃に温めておく。

1 ボウルにAを入れ、ゴムべらで均一に混ぜる。別のボウルにBを入れて泡立て器で乳化するまでよく混ぜ（P.13参照）、インスタントコーヒーを加えてよく混ぜる（写真）。これをAのボウルに加えてゴムべらで底からサックリと混ぜ合わせる。

2 粉っぽさが少し残る状態でCを加え、粉っぽさがなくなるまで底からサックリと混ぜ合わせる。

3 2の¼量を端からすくい、紙を敷いた型の半分に入れ、同様にもう片側に入れる。この作業を繰り返して生地を重ね、ならす。上面に混ぜておいたDをのせる。

4 天板にのせて180℃に温めたオーブンで25〜30分間焼く。紙ごと持ち上げて型から外す（やけどに注意）。網にのせて冷まし、紙をはがす。

ミックスベリーのクランブルケーキ

しっとりとやさしい口当たりのアーモンド生地に
甘酸っぱいミックスベリーと、
サクッと香ばしいクランブルがアクセント。

材料（20×17×高さ3cmの耐熱バット1台分）

クランブル
- 薄力粉　40g
- アーモンドパウダー　20g
- てんさい糖（またはきび糖）　20g
- 好みの植物油　適量

A
- 薄力粉　150g
- アーモンドパウダー　100g
- てんさい糖（またはきび糖）　50g
- ベーキングパウダー　小さじ2

B
- 好みの植物油　大さじ5
- 豆乳（無調整）　カップ¾

ミックスベリー（冷凍）　150～200g

[全量2550kcal　調理時間1時間（冷ます時間は除く）]

つくる前にしておくこと
・Aの薄力粉はふるっておく。
・耐熱バットにオーブン用の紙を敷いておく（P.20参照）。
・オーブンは180℃に温めておく。

1
P.24「ブルーベリーマフィン」のつくり方1を参照してクランブルをつくる。

2
ボウルにAを入れ、ゴムべらで均一に混ぜる。別のボウルにBを入れ、泡立て器で乳化するまでよく混ぜ（P.13参照）、Aのボウルに加えてゴムべらで底からサックリと混ぜ合わせる。粉と液体がなじんだら、ボウルを回しながら、切るように混ぜる（写真）。

3
オーブン用の紙を敷いた耐熱バットに2を入れ、まず四隅に生地を寄せる。続いて四辺に生地を行き渡らせ（写真）、表面をならす。ミックスベリーを凍ったまま、全体に彩りよくのせる。

4
3に1のクランブルを散らし、天板にのせる。180℃に温めたオーブンで30分間ほど焼く。紙ごとバットから取り出し（やけどに注意）、網にのせて冷まし、紙をはがす。

クランベリーとピスタチオのケーキ

クランベリーの赤、ピスタチオの緑、
レモンの皮の黄色で彩ったケーキはクリスマスにぴったり。
デコレーションは雪をイメージした豆腐クリームで！

材料（直径15cmのスポンジ型・底が外れるタイプ1台分）

A
- 薄力粉　180g
- アーモンドパウダー　100g
- てんさい糖（またはきび糖）　50g
- ベーキングパウダー　小さじ2
- レモンの皮（国産／すりおろす）1コ分

B
- 豆乳（無調整）　カップ¾
- 好みの植物油　大さじ4
- メープルシロップ・レモン汁　各大さじ2

C
- ドライクランベリー　50g
- ピスタチオ（殻をむいたもの）　20g

豆腐クリーム
- 木綿豆腐　1丁（300g）
- メープルシロップ　大さじ4〜5
- バニラビーンズ　2cm
- 塩　少々
- 豆乳（無調整）　適宜

ドライクランベリー　適量
レモンの皮（国産／すりおろす）　適量
ピスタチオ（殻をむいたもの）　適量

［全量2880kcal　調理時間1時間（豆腐クリームをつくる時間、冷ます時間は除く）］

つくる前にしておくこと
- 薄力粉はふるっておく。
- Cのドライクランベリー、ピスタチオは細かく刻んでおく。
- バニラビーンズは、さやから種をしごき出しておく（さやは入れない）。
- スポンジ型にオーブン用の紙を敷いておく（P.16参照）。
- オーブンを180℃に温めておく。

1 ボウルにAを入れ、ゴムべらで均一に混ぜる。別のボウルにBを入れて泡立て器で乳化するまでよく混ぜ（P.13参照）、Aのボウルに加えて底からサックリと混ぜ合わせる。少し粉っぽさが残る状態でCを加え、同様に混ぜる。

2 全体にまんべんなく混ざったら、オーブン用の紙を敷いた型に入れ、表面をならす。天板にのせ、180℃に温めたオーブンで30〜40分間焼く。

3 P.17「いちごのショートケーキ」の**つくり方3**を参照して型から取り出し（やけどに注意）、冷めるまで網に置いて紙をはがす。

4 P.15を参照して**「豆腐クリーム」**をつくり、ケーキの上面にのせてゴムべらで広げる。ドライクランベリー、レモンの皮、ピスタチオを彩りよく飾る。

さつまいものスクエアケーキ

生地とさつまいもはラフに重ねて、
それぞれの味わいと食感の妙を楽しみます。
刻んだしょうがやシナモンパウダーを生地に加えても。

材料（20×17×高さ3cmの耐熱バット1台分）

さつまいも　200g
てんさい糖（またはきび糖）　20g
A* ┌ 好みの植物油　大さじ1〜2
　　└ 豆乳（無調整）　大さじ1〜2
B ┌ 薄力粉　200g
　│ アーモンドパウダー　60g
　│ てんさい糖（またはきび糖）　30g
　│ ベーキングパウダー　小さじ2
　└ 塩　1つまみ
C ┌ メープルシロップ　大さじ6
　│ 好みの植物油　大さじ4
　└ 豆乳（無調整）　カップ½
レーズン　40g
ラム酒（ダーク／好みで）　小さじ2
D ┌ アーモンドスライス　20g
　│ くるみ　30g
　└ メープルシロップ　大さじ2

［全量3060kcal　調理時間1時間30分（粗熱を取る時間は除く）］

＊さつまいもの柔らかさによって加減する。豆乳は、さつまいもが水っぽい場合は加えなくてもよい。

つくる前にしておくこと

・レーズンはヒタヒタの熱湯に30分〜1時間つけて柔らかく戻し、湯をきる。好みでラム酒をふり、10分間おく。
・くるみは粗く砕いておき、Dのほかの材料と混ぜておく。
・耐熱バットにオーブン用の紙を敷いておく（P.20参照）。
・オーブンは180℃に温めておく。

1
さつまいもはよく洗い、皮付きのまま蒸気の上がった蒸し器に入れ、竹串がスッと通るまで強火で30分間ほど蒸す。ボウルに入れ、てんさい糖を加えてフォークで皮ごとつぶしながら混ぜる。Aを順に加えて混ぜ（写真）、なじませる。

2
別のボウルにBを入れ、ゴムべらで均一に混ぜる。別のボウルにCを入れて泡立て器で乳化するまでよく混ぜ（P.13参照）、Bのボウルに加えてゴムべらで底からサックリと混ぜ合わせる。レーズンを加え、同様に混ぜ合わせる（写真）。

3
オーブン用の紙を敷いた耐熱バットに2の半量を入れ、まず四隅に寄せる。続いて四辺に行き渡らせ、表面をならす。1のいもを9等分に分けて均等にのせる（写真／この段階では、ならさなくてよい）。

4
いもの上から残りの2をのせ、ゴムべらでいもとなじませながら、ならす。混ぜておいたDを全体に散らし（写真）、180℃に温めたオーブンで30〜35分間焼く。紙ごとバットから出して（やけどに注意）網にのせ、粗熱を取る。

酒かすのクラッカー

酒かすの発酵した風味で、
まるでチーズクラッカーそっくり！
黒こしょうたっぷりでスパイシーに仕上げます。

材料（28×23cmの天板2台分）

A ┃ 薄力粉　100g
　┃ アーモンドパウダー　30g
　┃ 酒かす（板状のもの）＊　40g
　┃ 白ごま　小さじ2
　┃ 塩　小さじ½

オリーブ油（または好みの植物油）
　大さじ2
粗塩・黒こしょう（粗びき）　各適量
［全量940kcal　調理時間1時間
（粗熱を取る時間は除く）］
＊常温に戻して柔らかくしておく。

つくる前にしておくこと
・25cm四方に切ったオーブン用の紙を2枚準備しておく。
・オーブンを140〜150℃に温めておく。

1

ボウルにAを入れ、酒かすを全体になじませるように手でこすり合わせる。酒かすの塊がなくなってサラサラになるまで、しっかりこすり合わせる。オリーブ油を加え、全体になじむまで手でかき混ぜる（写真）。水約大さじ1を加え、一まとめにする。

※まとまらないときは、様子を見ながら、さらに水を少しずつ加える。

2

生地を手で半分に割って重ね、両手で上から押さえて一つの生地にする。この作業をもう2回繰り返し、包丁で2等分にする。

3

準備しておいたオーブン用の紙に2の½量をのせ、麺棒で1〜2mm厚さにのばす。フォークで全体を刺して穴を開ける（写真）。包丁で2.5cm四方に切り目を入れる。残り½量も同様にする。

※包丁を引くとオーブン用の紙も切れてしまうので、軽く押さえる程度で切り目を入れる。

4

粗塩、黒こしょうを全体にふる。紙ごと天板にのせ、140〜150℃に温めたオーブンで15〜20分間焼く。焦げないように様子を見て温度を130〜140℃に下げ、カリッとするまで10〜15分間焼く。紙ごと網にのせ、粗熱を取る。

※オーブンが1段の場合は、2回に分けて焼く。

フライパンとオーブンでつくる
フルーツグラノーラ

フライパンだけでつくる
フルーツグラノーラ

フルーツグラノーラ

ナッツやドライフルーツがたっぷり入った、
ザクザクとおいしいグラノーラ。フライパンでじっくりと
香ばしくいり、オーブンでカリッと焼き上げます。

材料（つくりやすい分量）
オートミール　カップ1
カシューナッツ*　30g
アーモンドスライス*　30g

A ┌ はちみつ　大さじ3
　├ メープルシロップ　大さじ2
　├ 好みの植物油　大さじ1
　└ 塩　2つまみ

好みのドライフルーツ
　（グリーンレーズン、ドライクランベリー、
　干しバナナなど）（合わせて）50〜60g
[全量1220kcal　調理時間40分
（冷ます時間は除く）]
＊好みのナッツ（食塩不使用）でもよい。

つくる前にしておくこと
・天板にオーブン用の紙を敷いておく。
・オーブンは140℃に温めておく。

1 Aを混ぜ合わせる。フライパンにオートミールを入れて弱めの中火にかけ、混ぜながら3〜4分間いる。いる音が軽くなって香りがたったら、カシューナッツとアーモンドスライスを加えて2〜3分間いる。

2 1のフライパンにAを加える。水分がとぶまで3〜4分間、混ぜながら火を通す。

オーブンを使わなくてもできる
フライパンだけでつくるレシピ

オーブン焼きよりも、
薄い焼き色でソフトな食感です。

❶ 上記「フルーツグラノーラ」のつくり方1と同様にいる。
❷ ①のフライパンに混ぜたAを加える。混ぜながら水分をとばし、ねっとりして、つやが出るまで8〜10分間火を通す。これをオーブン用の紙を敷いたバットに移して冷ます。好みの大きさに割りほぐし、ドライフルーツを加えて混ぜる。

保存　清潔な保存瓶や缶に入れ、常温で2〜3日間。乾燥剤を加えて常温で約1週間。

3 オーブン用の紙を敷いた天板に広げ入れ、140℃に温めたオーブンで10分間焼く。

4 オーブンからいったん取り出し、端側と中央を入れかえるようにスプーンで混ぜ（写真）、再び140℃のオーブンで10分間焼く。オーブンから取り出して冷まし、好みの大きさに割りほぐす。ドライフルーツを加え、ザックリと混ぜる。

※途中で端側と中央を入れかえることで、ムラなく全体に火が通る。

保存　清潔な保存瓶や缶に入れ、常温で約5日間。乾燥剤を加えて常温で2〜3週間。

ココナツグラノーラ

ココナツの香りで南国風のグラノーラ。
相性抜群のトロピカルフルーツに合わせても。

材料（つくりやすい分量）
オートミール　カップ1
ココナツファイン　60g
A ┌ はちみつ　大さじ3
　├ メープルシロップ　大さじ2
　├ 好みの植物油　大さじ1
　└ 塩　2つまみ
［全量1130kcal　調理時間40分
（冷ます時間は除く）］

つくる前にしておくこと
・天板にオーブン用の紙を敷いておく。
・オーブンは140℃に温めておく。

保存　清潔な保存瓶や缶に入れ、常温で約5日間。
乾燥剤を加えて常温で2〜3週間。

P.61「フルーツグラノーラ」のつくり方1でカシューナッツとアーモンドスライスをココナツファインにかえる。あとはつくり方1〜4と同様にする（ドライフルーツは加えない）。

グラノーラバー

グラノーラは固めて焼いてもおいしい。
ナッツは好みのものでアレンジしても。

材料（20×17×高さ3cmの耐熱バット1台分）

オートミール　カップ1

A［
はちみつ　大さじ2½
メープルシロップ　大さじ2½
好みの植物油　大さじ1
塩　1つまみ
］

ごまとアーモンドのグラノーラバー
［
アーモンドスライス　30g
白ごま・黒ごま　各大さじ1
］

ミックスナッツのグラノーラバー
［
かぼちゃの種（市販）　25g
アーモンドスライス　30g
くるみ　20g
松の実　15g
白ごま　大さじ1
］

［ごまとアーモンドのグラノーラバー
全量1020kcal　ミックスナッツのグラノーラバー　全量1340kcal
調理時間50分（冷ます時間は除く）］

つくる前にしておくこと

・耐熱バットにオーブン用の紙を敷いておく（P.20参照）。
・オーブンは130〜140℃に温めておく。

保存　清潔な保存瓶や缶に入れ、常温で約5日間。乾燥剤を加えて常温で2〜3週間。

ミックスナッツの
グラノーラバー

ごまとアーモンドの
グラノーラバー

1

P.61「フルーツグラノーラ」のつくり方1のカシューナッツとアーモンドスライスを、ごまとアーモンドのグラノーラバー、またはミックスナッツのグラノーラバーの材料にかえる。あとはつくり方**1〜2**と同様にし、オーブン用の紙を敷いた耐熱バットに入れ、ゴムべらで均等に敷き詰めて表面をならす。

2

耐熱バットごと天板にのせ、130〜140℃に温めたオーブンで20〜30分間焼く。熱いうちに紙ごと取り出し（やけどに注意）、包丁で好みの大きさに切り分けて冷ます。

※冷めると堅くなって切りにくくなるので、熱いうちに切る。

Column

あんこのお菓子

小豆をコトコト煮た自家製あんこは、格別なおいしさ。
甘さや豆の煮え加減を好みにできるのがうれしい。

あんこ

甘さは控えめにして粒あんに仕上げ、豆の味わいを立たせます。

材料（でき上がり250g分）
小豆　カップ½（90g）
てんさい糖（またはきび糖）　大さじ2½*
塩　2つまみ
［全量400kcal　調理時間1時間20分
（小豆を戻す時間、冷ます時間は除く）］
*好みで加減する。

1

小豆はたっぷりの水につけて一晩おき、戻す。ざるに上げて水けをきり、鍋に入れる。水を小豆より2cm上の深さまで加えて中火にかける（写真）。

2

沸騰したらふたをして弱火にし、軽くフツフツとして小豆が踊らないくらいの火加減で、常に小豆に水がかぶっている状態を保ちながら1時間ほど煮る。途中、様子を見て、水が足りなければ、適宜差し水をする。

3

小豆が柔らかくなったらふたを外し、弱めの中火にする。クツクツ煮立つくらいの火加減で、汁けが小豆の⅓くらいの量になるまで煮て、てんさい糖を加える。木べらでかき混ぜながら、トロリとするまで煮る。

4

木べらで線が書けるくらいになったら、塩を加えて混ぜる。バットに広げてならし、ラップで表面をピッチリと覆って冷ます。

保存　清潔な密封容器に入れて、冷蔵庫で約3日間。

あんことナッツの2色おはぎ

オーソドックスなおはぎと、ナッツをまぶしたおはぎの2種。
あんこのやさしい甘さが、香ばしいナッツによくなじみます。

材料（8コ分）
もち米　180ml（1合）
てんさい糖（またはきび糖）　5g
あんこ（P.65参照）　全量
A ┌ くるみ（ローストしてあるもの）　10g
　├ ピスタチオ（殻をむいたもの）　5g
　├ 白ごま　大さじ1
　├ 黒ごま　大さじ1
　└ てんさい糖（またはきび糖）　小さじ1

［あんこのおはぎ　1コ分110kcal　ナッツのおはぎ　1コ分140kcal　調理時間50分
（もち米を水につけておく時間と蒸らす時間、粗熱を取る時間は除く）］

つくる前にしておくこと
・もち米はボウルに入れ、かぶるくらいの水を加えて1時間ほどおく。
・Aのくるみ、ピスタチオは細かく刻み、Aの白ごま、黒ごま、てんさい糖とともにすり鉢に入れる。すりこ木で軽くすり混ぜ、なじませておく。

1　もち米は水けをきり、鍋に入れる。水180mlを加えてふたをし、強火にかける。沸騰したら弱火にし、15分間炊いて火を止め、10分間蒸らす。熱いうちにてんさい糖を加え、すりこ木で軽くついて半分くらいつぶす。手に水をつけ、8等分にして軽く丸め、粗熱を取る。

2　ラップを手に広げ、あんこ40gをのせる。丸めた1を1コのせ、包みながら丸める。同様にして、合計4コつくる。

3　ラップを手に広げ、丸めた1を1コのせる。残りのあんこの¼量をのせ、包みながら丸める。同様にして、合計4コつくる。

4　すり混ぜたAのすり鉢に3を1コずつ入れて全体にまぶす。2とともに器に盛る。

いちごの桜あんみつ

いちごは少ない水分で蒸し煮にするので香りがとばず、濃い風味のシロップに。
寒天には砂糖を入れず、あんこと黒みつの甘みで楽しみます。

材料（3〜4人分）

桜かん
- 桜の花の塩漬け（市販） 15g
- 粉寒天 小さじ1（2g）

いちごのシロップ*
- いちご 9〜12コ
- てんさい糖（またはきび糖） 大さじ2

あんこ（P.65参照） 適量
黒みつ（市販） 適量

［1人分100kcal 調理時間50分（寒天を固める時間、いちごにてんさい糖をふっておく時間、シロップを冷やす時間は除く）］

*余ったら、清潔な保存瓶に入れて冷蔵庫で2〜3日間保存可能。

つくる前にしておくこと

・桜の花の塩漬けは水につけ、2〜3回水をかえて余分な塩を洗い流す（写真）。新たに水を加えて10分間ほどおく。水けを絞り、花を指でちぎって茎と分けておく（茎は使わない）。

1 桜かんをつくる

小さめの鍋に水カップ1½を入れて粉寒天をふり入れ、中火にかけて木べらでかき混ぜる。煮立ったら弱火にし、かき混ぜながら2〜3分間煮て寒天を溶かす。バットに流し入れて粗熱を取り、桜の花びらをほぐしながら入れる。

※花びらを入れる温度の目安は、湯気が出なくなって指を入れられるくらい。温度が高いと桜の花が変色し、低いと寒天が固まるので注意。

2

竹串で、花を開かせるように花びらを広げて全体に散らす。そのまま固まるまで常温におく。

3 いちごのシロップをつくる

いちごはヘタを取り、半量を縦半分に切る。残りの半量とともに小さめの鍋に入れ、てんさい糖を全体にふって30分間ほどおく。

4

3に水大さじ2を加えて中火にかける。フツフツしたら弱火にし、ふたをして2〜3分間、少しトロリとするまで蒸し煮にする。容器に入れて粗熱を取り、冷蔵庫で冷やす。

5 仕上げる

2の「桜かん」適量をスプーンですくって器に入れ、あんこを添える。4の「いちごのシロップ」のいちご適量を添えてシロップ適量をかけ、さらに黒みつをかける。

冷たいお菓子

夏場のおやつや食後のデザートにうれしい、
ひんやりとのどごしのよい冷たいお菓子。
卵、牛乳、バターを使わなくても、
ココナツミルクや豆乳で、ミルキーなアイスクリームや、
なめらかなプリンが楽しめます。
夏場の疲れた体や、食後の満腹感のある体にも、
スッとやさしく溶け込む、"しぜん"な軽やかさのある味わいです。

ジンジャーエール

ジンジャーシロップをつくっておいて、
炭酸水で割って楽しむ自家製ジンジャーエール。
程よくスパイシーで柔らかい刺激が心地よく、
しょうがの風味も濃厚に味わえます。
ビールで割って「シャンディーガフ」にしても。

材料（5〜6杯分）
ジンジャーシロップ
- しょうが（すりおろす） 120g
- てんさい糖（またはきび糖） 50g
- はちみつ 大さじ3
- レモン汁 大さじ1
- シナモンスティック 1本
- クローブ（あれば） 3コ
- 水 カップ1

ミントの葉 適量
レモン汁 適量
炭酸水 適量
[1杯分70kcal 調理時間20分（冷ます時間は除く）]

ジンジャーシロップをつくる

1
鍋にジンジャーシロップの材料を入れ、中火にかける。耐熱のゴムべらで混ぜて、てんさい糖とはちみつをよくなじませる。

ジンジャーエールをつくる

4
グラスにジンジャーシロップ（上記参照）を約大さじ2ずつ入れる。

5
氷適量、ミントの葉、レモン汁を加える。

2

縁のほうがフツフツとし始めたら、沸騰する前に弱火にする。ふたをして10分間煮る。火から下ろして冷ます。

※沸騰すると、しょうがの香りがとんでしまうので注意。

3

目の細かいざるでこす。しょうがをゴムべらでギュッと押さえ、最後までしっかりと汁をこし取る。清潔な保存瓶に入れて冷蔵庫に入れる。

保存 冷蔵庫で約3週間。

6

炭酸水を100〜120mlずつ加えて混ぜる。

※ジンジャーシロップを炭酸水で3〜4倍に希釈するのが目安。好みで加減する。

ジンジャーエールにフルーツを加えてもおいしい。

キウイ、グレープフルーツなど
好みのフルーツを食べやすく切って
ジンジャーエールに加えます。
マドラーやスプーンでつぶしながら飲みましょう。

ココナツミルクアイス

ココナツミルク風味のアイスクリーム。
卵や牛乳を使わないので、
軽やかでさっぱりとした口当たりです。
メープルシロップ&てんさい糖で、
柔らかなコクのある甘みに仕上げます。

材料（つくりやすい分量）

A ┌ ココナツミルク　カップ2
　├ 豆乳（無調整）　カップ1
　├ メープルシロップ　大さじ3
　└ てんさい糖（またはきび糖）　大さじ2

粉寒天　小さじ½（1g）

[全量920kcal　調理時間20分
（冷ます時間、冷やし固める時間は除く）]

鍋にAを入れて混ぜる。表面全体に粉寒天をまんべんなく均一にふり入れて中火にかけ、耐熱のゴムべらで混ぜながら煮る。表面全体が泡立つほど煮立ったら弱火にして1～2分間、よく混ぜながら寒天を煮溶かす（写真）。

※粉寒天がダマになったら、耐熱のゴムべらでダマを鍋の側面にこすりつけ、なじませながら混ぜるとよい。

固まりかけたら取り出し、スプーンで上下を返すようにして空気を入れながら、かき混ぜる。

さらにハンディープロセッサーやハンドミキサーで、スムージーより少し堅いくらいになるまでかくはんする。

※スプーンでかき混ぜるだけでもよいが、かくはんすると、ふんわりなめらかに仕上がる。溶けてきたら、かくはんをやめて冷凍庫へ。

2

ボウルに移して常温におき、冷ます。冷めて固まり始めたら、ハンディープロセッサーやハンドミキサーでかくはんする（写真／またはミキサーに入れてかくはんする）。

3

ホウロウやステンレス、アルミなどの容器（700〜800mℓ容量が最適）に流し入れ、表面をゴムべらで軽くならす。冷凍庫で冷やし固める。

6

ゴムべらで表面をならし、冷凍庫に入れて冷やし固める。また固まりかけたら4〜6と同様にし、この作業を2回ほど繰り返す。

保存　冷凍庫で約1か月間。

グラノーラや南国フルーツと盛り合わせても

「ココナツグラノーラ」（P.62参照）と相性抜群！
もちろん市販のグラノーラでも。フルーツは
パイナップル、マンゴー、キウイなどお好みで。

甘酒メロンシャーベット

砂糖は使わずに甘酒とメロンの糖分だけでつくります。
半分はプレーンで楽しみ、
もう半分にはミントを加えて爽やか風味に。

材料（つくりやすい分量）

甘酒（市販／濃縮タイプ）＊　200g
メロン（熟したもの）＊＊
　　（小）1コ（正味500g）
レモン汁　小さじ4
ミントの葉　10枚
［全量540 kcal　調理時間20分
（冷やし固める時間は除く）］
＊米と米麹が原料のもの。
＊＊青肉でも赤肉でも、好みでよい。

つくる前にしておくこと

・小さめの鍋に湯を沸かしてミントの葉を入れ、10秒間ゆでて取り出し、冷ましておく。

1 メロンは縦半分に切り、ざるを重ねたボウルの上で種とワタをくりぬく（写真）。ざるに残った種とワタをスプーンで押さえて果汁をこし取る。メロンをさらに縦4等分に切って皮をむき、横に一口大に切る。

2 ミキサーにメロンの半量を入れ、果汁の半量を加える。甘酒・レモン汁各半量を加え（写真）、かくはんする。味をみて足りなければ、甘酒適宜（分量外）を加えてかくはんする。ホウロウやステンレスの容器に流し入れる。

3 あいたミキサーに残りのメロンと果汁、甘酒、レモン汁、ゆでたミントの葉を入れてかくはんし、ホウロウやステンレスの別の容器に流し入れる。2とともに冷凍庫に入れる。

4 固まりかけたら取り出し、スプーンで空気を入れるようにかき混ぜる。表面をならして冷凍庫へ入れる。再び固まりかけたら同様にする。さらに、もう一度固まりかけたらハンディープロセッサーやハンドミキサーでかくはんし、冷やし固める。

※最後にハンディープロセッサーなどでかくはんすると、ふんわりとなめらかな口当たりに。シャリシャリが好みなら、スプーンでかき混ぜるとよい。

保存　冷凍庫で約1か月間。

マンゴープリン

牛乳や生クリームの代わりに甘酒でつくります。
甘さ控えめでさっぱり、トロトロでなめらかな口当たり。
プリン型などで1人分ずつに分けて固めても。

材料（約600mℓ容量の器1コ分）

マンゴー　（小）3コ（540g／正味345g）
A ┌ 甘酒（市販／濃縮タイプ）＊　180g
　│ 水　カップ½
　└ レモン汁　小さじ1〜2
粉寒天　小さじ¾（1.5g）
はちみつ　小さじ2
ミントの葉　少々
［全量590kcal　調理時間30分（粗熱を取る時間、冷やし固める時間は除く）］
＊米と米麹が原料のもの。

1　マンゴーは平たい側の果実と種の間に包丁を入れて縦半分に切り、種を外す。縦に4〜5等分に切って皮を除き、一口大に切る（写真）。種の周りの果実もそぎ取る。果実を計量して230gを取り分ける。マンゴー230gとAをミキサーに入れ、かくはんして鍋に入れる。

※マンゴーの熟し具合で甘さが変わるので、味をみて、甘すぎたら水・レモン汁各適宜を足す。甘くなければ甘酒（またははちみつ）適宜を足して調整する。

2　1の鍋の表面に粉寒天をまんべんなく均一にふり入れて（写真）中火にかける。表面全体が泡立つほど煮立ったら弱火にし、木べらで1〜2分間、よく混ぜながら寒天を煮溶かす。

※1で液体をたくさん足した場合は、粉寒天も少し増やす（ミキサーにかけてから容量をはかり、500mℓ以上あれば粉寒天を少し増やす）。煮るときに粉寒天がダマになったら、木べらでダマを鍋の側面にこすりつけ、なじませながら混ぜるとよい。

3　寒天が溶けたらボウルに移し、氷水（または保冷剤と水）を入れた別のボウルに底を当て、ゴムべらで混ぜながら粗熱を取る（写真）。湯気が出ないくらいになったら、器に入れて冷蔵庫で30分間ほど冷やし固める。

4　1の残りのマンゴーにはちみつを混ぜる。ミントの葉をちぎって加え、あえる。適量を3に飾る。

※余ったら、そのまま食べても。ヨーグルトに加えてもおいしい。

抹茶豆乳プリン

寒天で固めた抹茶と豆乳を
二層仕立てにした和風プリンです。
常温で固めても冷蔵庫で冷やしても。

材料（容量200mlのグラス4コ分）

A ┌ 抹茶　大さじ1
　└ 豆乳(無調整)　大さじ2
B ┌ 水　大さじ4
　└ てんさい糖(またはきび糖)　25g
粉寒天　小さじ¾ (1.5g)
豆乳(無調整)　カップ2
バニラビーンズ　2cm
バナナ　1本
ブルーベリー　8粒
チョコレート(乳製品不使用のもの)
　適量
[1コ分130kcal　調理時間20分
(粗熱を取る時間、固める時間は除く)]

つくる前にしておくこと
・バニラビーンズはさやから種をしごき出しておく(さやもとっておく)。
・バナナは皮をむいて、薄い輪切りにしておく。
・ブルーベリーは、好みで半分に切っておく。
・チョコレートはボウルに入れ、底を50℃くらいの湯につけて溶かす(湯煎)。乳製品不使用のものがなければ、ココアパウダー(無糖)・メープルシロップ各小さじ1を混ぜたもの(トロリとしなければ熱湯少々で溶きのばす)で代用してもよい。

1 大きめのボウルにAの抹茶を入れ、Aの豆乳を加えてゴムべらでよく溶き混ぜる。

2 鍋にBを入れて混ぜ、粉寒天をふり入れて中火にかけ、木べらでかき混ぜる。煮立ったら弱火にし、かき混ぜながら1〜2分間煮て寒天をよく煮溶かし、豆乳を加えて混ぜる(写真)。バニラビーンズをさやごと加えて混ぜ、豆乳を煮立てないように気をつけて温める。

※煮立つと豆乳が分離するので注意。

3 2が湯気が出るくらいに温まったら火から下ろし、半量を1に少しずつ加えてゴムべらで溶き混ぜ、茶こしでこす。

4 残りの半量は粗熱を取り、バニラビーンズのさやを取り出す。グラスに等分に注ぎ、保冷剤を添えて冷やしながら、少し固まるまでおく。その上に3をスプーンで等分にすくって静かに入れ、さらに固まるまでおく。バナナをのせてブルーベリーを散らし、溶かしたチョコレートをかける。

豆花（トウファ）

豆乳を固めてシロップをかけた台湾の人気スイーツ。
プリンでもゼリーでもない、
独特のなめらかな口当たりが絶品です。

材料（3〜4人分）
豆乳（無調整）　カップ1½
A ┌ かたくり粉　小さじ1½強（5g）
　└ 粉寒天　小さじ¾（1.5g）
B ┌ てんさい糖（またはきび糖）　70g
　└ 水　カップ1
ぶどう（あれば赤と白の2色）*　9〜12粒
ハーブ（ミントやレモンバームなど）
　適宜
黒砂糖（粉末または塊を刻む）　適宜
[1人分120kcal　調理時間20分
（粗熱を取って冷ます時間、冷やし固める時間は除く）]
*皮ごと食べられるもの。

1 鍋にAを入れ、少量の豆乳を加えて耐熱のゴムべらで溶き混ぜる。Aが溶けたら残りの豆乳を加えて混ぜ（写真）、なじんだら中火にかけて混ぜる。とろみが出てきたら弱火にし、さらに2分間ほど混ぜながら煮る。

2 ボウルに移し、氷水または保冷剤と水を入れた別のボウルに底を当て、混ぜながら粗熱を取る。湯気が出なくなるまで冷めたらラップをし、冷蔵庫に入れて冷やし固める。

3 シロップをつくる。小さめの鍋にBを入れて強めの中火にかけ、混ぜる。てんさい糖が溶けたら火から下ろし、冷ます。

※Bにしょうが汁小さじ1を加え、しょうが風味のシロップにしてもおいしい。

4 器に2をスプーンですくい入れ、3を適量かける。ぶどうを縦半分に切ってのせ、あればハーブを添え、好みで黒砂糖を散らす。

87

栗のおしるこ

蒸し栗と豆乳でつくる、おしるこです。
ゆで栗より濃厚な味わいを楽しめますが、
蒸し器がなければ、ゆで栗でも大丈夫。
ひんやり冷やしていただくと、
やさしいとろみが、心地よいのどごしです。

材料（3〜4人分）
栗　500g（正味約300g）
A ┌ 豆乳（無調整）　カップ1½
　├ 水　カップ¾
　├ てんさい糖（またはきび糖）　40〜50g
　└ 塩　1つまみ
白玉粉　70g
[1人分260kcal　調理時間1時間45分
（栗の粗熱を取る時間、冷ます時間、冷やす時間は除く）]

1
栗は蒸気の上がった蒸し器で50分〜1時間蒸す。粗熱が取れたら半分に切って、スプーンで殻からくりぬく。

4
ボウルに白玉粉を入れて水大さじ4〜6を少量ずつ加え、耳たぶ程度の堅さになるまでこねる。12等分にして丸め、中央を少しくぼませる。

1とAを鍋に合わせ、ハンディープロセッサーでかくはんする(またはミキサーに入れてかくはんし、鍋に移す)。

なめらかになったら弱めの中火にかけ、木べらで混ぜながら、沸騰する直前まで温めて火から下ろして冷ます。好みで冷蔵庫で冷やす。

温かいおしるこにしてもおいしい

鍋にたっぷりの湯を沸かし、4を入れる。水面に浮いてから30秒間くらいゆでて、冷水にとる。器に3を注ぎ、水けをきった白玉を加える。好みで氷適宜を浮かべる。

栗のおしるこは温かいまま器に盛り、
白玉をのせていただきます。
好みで蒸し栗を少し取り分けておき、
トッピングすると、さらにおいしい。
白玉のかわりに焼き餅でも。

Column

蒸しケーキ

しっとりときめ細かな生地で、ふんわりふわふわ。
蒸したてのホカホカも、冷めてからも、どちらもおいしい。

かぼちゃの蒸しケーキ

スポンジ型で大きくつくる、豪華な蒸しケーキ。
かぼちゃは角切りとペーストに分けて生地に加えます。

材料（直径15cmのスポンジ型・底が外れるタイプ1台分）

かぼちゃ　250g（正味230g）
A ┌ 豆乳（無調整）　カップ¾
　└ メープルシロップ　大さじ4
B ┌ 薄力粉　150g
　├ てんさい糖（またはきび糖）　25g
　├ ベーキングパウダー　小さじ2
　└ 塩　1つまみ
レーズン　30g
かぼちゃの種（市販／ローストしてあるもの）　20粒
[全量1270kcal　調理時間1時間30分（冷ます時間は除く）]

つくる前にしておくこと
・薄力粉はふるっておく。
・スポンジ型にオーブン用の紙を敷いておく（P.16参照）。

1

かぼちゃは種とワタを除き、皮に堅い突起があれば取り除く。縦半分に切って蒸気の上がった蒸し器に入れ、竹串がスッと通るまで15〜20分間、強火で蒸す。70gと150gに分け（蒸すと、重量は約220gになる）、70gは皮ごと1cm角に切る。150gは皮を厚めにむき、むいた皮は1cm四方に切って70g分と一緒にする（写真）。

2

ミキサーに皮をむいたかぼちゃとAを入れ、なめらかになるまでかくはんし、かぼちゃペーストをつくる（かぼちゃをフォークなどでつぶし、Aを順に少しずつ加えて混ぜてもよい）。ボウルにBを入れてゴムべらで混ぜ、かぼちゃペーストを加えて底からサックリと混ぜ合わせる（写真）。

3

粉っぽさが少し残る状態で、1cm角に切ったかぼちゃと皮、レーズンを加え、底からサックリと混ぜ合わせる（写真）。オーブン用の紙を敷いた型の中央に入れ、表面をならす。

4

かぼちゃの種を散らし（写真）、蒸気の上がった蒸し器に入れて強火で40〜45分間蒸す。型ごと取り出し、P.17「**いちごのショートケーキ**」のつくり方3を参照して型から取り出す（やけどに注意）。網に置いて冷まし、紙をはがす。

※蒸しケーキの蒸し上がりの目安は、生地の真ん中に竹串を刺して確認。竹串に何もつかなければ蒸し上がりで、生地がついてくるようなら、様子を見ながらもう少し蒸す（P.94「レモンの蒸しケーキ」も同様）。

レモンの蒸しケーキ

紙製のマフィンカップで手軽につくる、蒸しケーキ。
ふわふわの生地に、レモンが爽やかに香ります。

材料（底径5.5×高さ6cmの
紙製マフィンカップ4コ分）

A ┌ 薄力粉　120g
　├ アーモンドパウダー　50g
　├ てんさい糖（またはきび糖）　15g
　├ ベーキングパウダー　小さじ2
　├ 塩　2つまみ
　└ レモンの皮（国産／すりおろす）
　　　2コ分

B ┌ 豆乳（無調整）　80ml
　├ メープルシロップ　大さじ4
　├ レモン汁　大さじ2
　└ 好みの植物油　大さじ1

レモンの皮（国産／すりおろす）　適量
[1コ分300kcal　調理時間40分
（粗熱を取る時間は除く）]

つくる前にしておくこと
・薄力粉はふるっておく。

1

ボウルにAの薄力粉から塩までを入れ、ゴムべらで均一に混ぜる。Aのレモンの皮を加え、さらに混ぜる。

2

別のボウルにBを合わせ、泡立て器でよく混ぜ、乳化させる（P.13参照）。1に加え、ゴムべらで底からサックリと混ぜる（写真）。粉っぽさが少し残る状態になったら、切るように混ぜる。

3

なめらかになってダマがなくなったら、端からゴムべらですくってマフィンカップに等分に入れ、軽くならす。

4

3にレモンの皮をのせる。蒸気が上がった蒸し器に入れ、強火で15〜20分間蒸し、粗熱を取る。

今井ようこ（いまい・ようこ）
製菓学校を卒業後、㈱サザビーリーグに入社してアフタヌーンティー・ティールームの商品企画・開発に携わり、独立。KIHACHIのソフトクリーム、パティスリーのアドバイザー・商品開発を経て、マクロビオティックをベースにした菓子・料理教室を主宰。体にやさしい素材で、おいしいレシピを生み出すセンスは秀逸。

アートディレクション・デザイン　遠矢良一（Armchair Travel）
撮影　邑口京一郎
スタイリング　佐々木カナコ
校正　今西文子（ケイズオフィス）
栄養計算　宗像伸子
編集　宇田真子／湯原一憲、米村 望（NHK出版）
編集協力　前田順子／大久保あゆみ

卵、牛乳、バターを使わないのに、
驚くほどおいしい
しぜんなおかし
2019年10月20日　第1刷発行

著者　今井ようこ
　　　©2019 Yoko Imai
発行者　森永公紀
発行所　NHK出版
　　　　〒150-8081　東京都渋谷区宇田川町41-1
　　　　TEL 0570-002-048（編集）
　　　　TEL 0570-000-321（注文）
　　　　ホームページ　http://www.nhk-book.co.jp
　　　　振替　00110-1-49701
印刷・製本　共同印刷

乱丁・落丁本はお取り替えいたします。
定価はカバーに表示してあります。
本書の無断複写（コピー）は、著作権法上の例外を除き、著作権侵害となります。
Printed in Japan
ISBN978-4-14-033304-4　C2077